LE COOKIE

galletas • whoopies
macarons • brownies • cupcakes

LE COOKIE

*Deliciosos dulces
diseñados en París,
horneados en Nueva York*

EL PAIS
AGUILAR

Título original: *Le Cookie. Delicious sweet treats designed in Paris, baked in New York.*

© 2012, Mickael Benichou (textos)
© 2012, Ryland Peters & Small (diseño y fotografías)

Primera edición, mayo 2014

De la presente edición:
© Santillana Ediciones Generales, S.L.
Avenida de los Artesanos, 6
28760 Tres Cantos
Madrid
www.elpaisaguilar.es

TRADUCCIÓN Pepa Cornejo
COORDINACIÓN EDITORIAL
Diana Acero Martínez
EDICIÓN Marta Bravo

DIRECCIÓN TÉCNICA Y DE ARTE
Víctor Benayas
COORDINACIÓN TÉCNICA
Victoria Reyes
MAQUETACIÓN M. García y J. Sánchez

ISBN: 978-84-03-51383-9

PRISA EDICIONES

Impreso en China – *Printed in China*

NOTAS

• Todas las medidas usadas con cuchara son rasas a no ser que se especifique de otra manera.
• La mantequilla es sin sal a no ser que se especifique de otra manera.
• Los huevos utilizados son de tamaño mediano a no ser que se especifique de otra manera. Las recetas con huevos crudos o poco cocidos no son recomendables para niños pequeños, personas mayores, mujeres embarazadas o personas con un sistema inmunológico débil.
• Los hornos deben calentarse a la temperatura indicada. Cada horno es diferente. Recomendamos usar un termómetro de horno y consultar el manual del fabricante, sobre todo en caso de utilizar un horno de convección, ya que deberá ajustar las temperaturas según las instrucciones del fabricante.

AGRADECIMIENTOS del autor en la edición inglesa:

Este libro no habría sido posible sin Benoit, el pastelero y amigo que cambió mi vida, y, por supuesto, sin Sarah, que ya ha cambiado mi futuro. Te doy las gracias por tu apoyo, amistad y amor. Y como es el primer libro que publico, no quiero olvidarme de mis padres. Gracias, papá y mamá, por estar ahí, siempre.

Me gustaría mostrar mi agradecimiento a mi editor, Ryland Peters & Small, en especial a Céline y a Julia por su compromiso y profesionalidad, a Steve por sus hermosas fotografías y diseño, y a Lucy por el maravilloso estilismo de los alimentos.

A todos los lectores, una palabra: ¡disfrutad!

CONTENIDOS

BIENVENIDO A MOON STREET

Moon Street Pâtisserie es obra de Mickael Benichou y Benoit Castel. Creadores de maravillosas galletas, su objetivo es dar a las tradicionales recetas gourmet americanas un sofisticado toque francés. En 2010 Mickael tuvo la idea de combinar alta cocina e innovación en recetas de galletas y contó con la colaboración de Benoit, un magnífico chef repostero francés, para llevar su proyecto a buen término.

La experiencia de Benoit en restaurantes parisinos reconocidos en todo el mundo y el talento de Mickael para concebir llamativos diseños dieron lugar a Moon Street. Ahora, con este libro, tú también puedes descubrir el glamuroso mundo de las delicias de esta pastelería.

Galletas, brownies, whoopies, cupcakes o macarons franceses…, sea cual sea tu favorito, encontrarás una deliciosa idea entre estas páginas que te inspirará y sorprenderá. Tradicionales galletas de pepitas de chocolate y naranja, brownies de chocolate blanco con un toque de aceite de oliva, las clásicas whoopies de chocolate con caramelo salado de inspiración francesa, cupcakes americanos con deliciosa crema de albahaca y limón y macarons, franceses por los cuatro costados, con sabor a tarta de queso…

Allez! Entra y descubre estas recetas chic que te permitirán preparar y saborear pequeñas exquisiteces.

GALLETAS

LE COOKIE

Le Cookie es la receta original y la más tradicional de nuestras galletas. Se prepara con pepitas del mejor chocolate, las nueces más frescas y el extracto de vainilla más puro que puedas comprar. Parecía imposible crear una marca de galletas sin comenzar con esta clásica, así que esta es pura y simplemente Le Cookie.

100 g de mantequilla a temperatura ambiente y en trozos

80 g de azúcar superfino

35 g de azúcar moreno blando o azúcar mascabado

1 cucharadita de extracto de vainilla pura

1 cucharadita de nata líquida

1 huevo

160 g de harina común

½ cucharadita de levadura

¼ cucharadita de sal

135 g de pepitas de chocolate negro o semidulce

55 g de nueces, troceadas

1-2 bandejas de horno, cubiertas con papel para hornear

PARA UNAS 25

En un cuenco bate la mantequilla con una cuchara de madera hasta que se ablande. Añade el azúcar y bate hasta que la mezcla sea homogénea y cremosa. Luego agrega el extracto de vainilla, la nata y el huevo y vuelve a batir. Tamiza e incorpora gradualmente la harina, la levadura y la sal y mézclalo todo bien. Por último, añade las pepitas de chocolate y las nueces.

Cubre la mezcla y refrigérala unos 30 minutos.

Calienta el horno a 170 °C.

Saca el cuenco del frigorífico. Cubre con un poco de harina una superficie de trabajo y, con un rodillo, extiende la masa y dale forma de salchicha de unos 30 cm de longitud. Córtala en unas 25 rebanadas iguales y disponlas en las bandejas precalentadas.

Hornéalas durante 15-20 minutos hasta que se doren. Deja que se enfríen en las bandejas alrededor de 5 minutos y luego transfiérelas a una rejilla de acero para que se enfríen por completo.

GALLETAS DE CHOCOLATE Y NARANJA

Podría parecer una clásica galleta de pepitas de chocolate, pero su sabor y textura te sorprenderán en cuanto le des el primer mordisco. Con extracto y ralladura de naranja, y el chocolate negro semiamargo es una galleta irresistible.

120 g de mantequilla, a temperatura ambiente y troceada

100 g de azúcar superfino

40 g de azúcar mascabado o azúcar moreno blando

2 cucharaditas de extracto de vainilla pura

1 gota de extracto de naranja o agua de azahar

2 cucharaditas de nata líquida

1 huevo

180 g de harina común

1 cucharadita de cacao en polvo

½ cucharadita de levadura

¼ cucharadita de sal

85 g de pepitas de chocolate negro o semiamargo

ralladura fina de ½ naranja

1-2 bandejas de horno, cubiertas de papel para hornear

PARA UNAS 25

Bate la mantequilla en un cuenco con una cuchara de madera hasta que se ablande. Añade el azúcar y bate hasta que la mezcla sea homogénea y cremosa. Luego agrega el extracto de vainilla, el extracto de naranja o agua de azahar, la nata y el huevo y vuelve a batir. Tamiza e incorpora gradualmente la harina, el cacao, la levadura y la sal y mézclalo todo bien. Por último, añade las pepitas de chocolate y la ralladura de naranja.

Cubre la mezcla y refrigérala 30 minutos.

Calienta el horno a 170 ºC.

Saca el cuenco del frigorífico. Cubre con un poco de harina una superficie de trabajo y, con un rodillo, extiende la masa y dale forma de salchicha de unos 30 cm de longitud. Córtala en unas 25 rebanadas iguales y disponlas en las bandejas precalentadas.

Hornéalas durante 15-20 minutos hasta que se doren. Deja que se enfríen en las bandejas alrededor de 5 minutos y luego transfiérelas a una rejilla de acero para que se enfríen por completo.

GALLETAS DE CHOCOLATE Y PRALINÉ

Esta galleta de chocolate y praliné es el paradigma de la elegancia parisina. Delicada y sofisticada, combina cremoso chocolate con leche con exquisito praliné para crear un refinado sabor.

110 g de mantequilla, a temperatura ambiente y troceada

90 g de azúcar superfino

40 g de azúcar mascabado o azúcar moreno blando

1 cucharadita de extracto de vainilla

1 cucharadita de nata líquida

1 huevo

190 g de harina común

½ cucharadita de levadura

¼ cucharadita de sal

90 g de pepitas de chocolate con leche

40 g de pasta de praliné de almendras (si no lo encuentras, puedes usar pasta de chocolate con avellanas)

1-2 bandejas de horno, cubiertas de papel para hornear

PARA UNAS 25

En un cuenco bate la mantequilla con una cuchara de madera hasta que se ablande. Añade el azúcar y bate hasta que la mezcla sea homogénea y cremosa. Luego agrega el extracto de vainilla, la nata y el huevo y vuelve a batir. Tamiza e incorpora gradualmente la harina, la levadura y la sal y mézclalo todo bien. Por último, añade las pepitas de chocolate y la pasta de praliné de almendras.

Cubre la mezcla y refrigérala 30 minutos.

Calienta el horno a 170 ºC.

Saca el cuenco del frigorífico. Cubre con un poco de harina una superficie de trabajo limpia y, con un rodillo, extiende la masa y dale forma de salchicha de unos 30 cm de longitud. Córtala en unas 25 rebanadas iguales y disponlas en las bandejas precalentadas.

Hornéalas durante 15-20 minutos hasta que se doren. Deja que se enfríen en las bandejas 5 minutos y luego transfiérelas a una rejilla de acero para que se enfríen por completo.

GALLETAS *TRÈS* EXQUISITAS

Una galleta de edición limitada que Le Cookie prepara únicamente durante la temporada navideña. Es un tesoro escondido de sabores exquisitos, con granos de cacao y castaña confitada. Comparte una hornada con tu familia y los amigos, si puedes, o sé egoísta y disfrútalas tú solo…

100 g de mantequilla, a temperatura ambiente y troceada

80 g de azúcar superfino

35 g de azúcar moreno blando o azúcar mascabado

1 cucharadita de extracto de vainilla

1 cucharadita de nata líquida

1 huevo

100 g de harina común

½ cucharadita de levadura

¼ cucharadita de sal

85 g de pepitas de chocolate con leche

55 g de granos de cacao

50 g de castañas confitadas, troceadas

1-2 bandejas de horno, cubiertas de papel para hornear

PARA UNAS 25

Bate la mantequilla en un cuenco con una cuchara de madera hasta que se ablande. Añade el azúcar y bate hasta que la mezcla sea homogénea y cremosa. Luego agrega el extracto de vainilla, la nata y el huevo y vuelve a batir. Tamiza e incorpora gradualmente la harina, la levadura y la sal y mézclalo todo bien. Por último, añade las pepitas de chocolate, los granos de cacao y las castañas y remueve hasta que se haya mezclado todo bien.

Cubre la mezcla y refrigérala 30 minutos.

Calienta el horno a 170 °C.

Saca el cuenco del frigorífico. Cubre con un poco de harina una superficie de trabajo limpia y, con un rodillo, extiende la masa y dale forma de salchicha de unos 30 cm de longitud. Córtala en unas 25 rebanadas iguales y disponlas en las bandejas precalentadas.

Hornéalas durante 15-20 minutos hasta que se doren. Deja que se enfríen en las bandejas 5 minutos y luego transfiérelas a una rejilla de acero para que se enfríen por completo.

GALLETAS ROSAS REBELDES

Una galleta insigne, de aspecto inocente pero con el espíritu de un rebelde roquero en su interior. En ella encontrarás una combinación cañera de chocolate blanco y pétalos de rosa cristalizados.

125 g de mantequilla, a temperatura ambiente y troceada

90 g de azúcar superfino

35 g de azúcar moreno blando o azúcar mascabado

1 cucharadita de extracto de vainilla pura

2 gotas de extracto de rosa (o unas gotas de agua de rosas)

2 cucharaditas de nata líquida

1 huevo

200 g de harina común

½ cucharadita de levadura

½ cucharadita de sal

90 g de pepitas de chocolate blanco

15 g de pétalos de rosa cristalizados o confitados, troceados finos

1 cucharadita de fresas deshidratadas congeladas troceadas (opcional)

1-2 bandejas de horno, cubiertas de papel para hornear

PARA UNAS 25

En un cuenco bate la mantequilla con una cuchara de madera hasta que se ablande. Añade el azúcar y bate hasta que la mezcla sea homogénea y cremosa. Luego agrega el extracto de vainilla, el extracto de rosa o agua de rosas, la nata y el huevo y vuelve a batir. Tamiza e incorpora gradualmente la harina, la levadura y la sal y mézclalo todo bien. Por último, añade las pepitas de chocolate, los pétalos de rosa y las fresas, si dispones de ellas.

Cubre la mezcla y refrigérala 30 minutos.

Calienta el horno a 170 °C.

Saca el cuenco del frigorífico. Cubre con un poco de harina una superficie de trabajo limpia y, con un rodillo, extiende la masa y dale forma de salchicha de unos 30 cm de longitud. Córtala en unas 25 rebanadas iguales y disponlas en las bandejas precalentadas.

Hornéalas durante 15-20 minutos hasta que se doren. Deja que se enfríen en las bandejas 5 minutos y luego transfiérelas a una rejilla de acero para que se enfríen por completo.

BROWNIES

BROWNIES PARA DESAYUNAR

Una receta clásica y deliciosa con la que podrás introducirte en el mundo de los brownies. Es muy importante batir bien la mantequilla, ya que le dará suavidad al brownie, mientras que las nueces aportarán el toque crujiente.

240 g de chocolate negro amargo (55% de cacao), troceado

100 g de mantequilla, a temperatura ambiente y troceada

120 g de azúcar superfino

2 huevos

60 ml de leche semidesnatada

120 g de harina común

25 g de almendras molidas

1 cucharadita de levadura

1 vaina de vainilla

20 g dc nueces de macadamia

20 g de nueces, troceadas

Un molde para horno de 20 cm, untado con mantequilla y espolvoreado con harina

PARA 6-8

Calienta el horno a 190 °C.

Echa el chocolate en un cuenco refractario dispuesto sobre una cacerola con agua hirviendo a fuego lento. Asegúrate de que la base del cuenco no toque el agua. Remueve de vez en cuando hasta que el chocolate se derrita por completo. Retíralo del fuego.

Bate la mantequilla en un cuenco con una cuchara de madera hasta que se ablande. Añade el azúcar y mézclalo bien. Luego incorpora un huevo cada vez y bate. Agrega la leche y remueve. Incorpora la harina, las almendras y la levadura y bate. Corta a lo largo la vaina de vainilla y extrae las semillas en el cuenco. Vierte el chocolate derretido y mézclalo todo bien. Por último, echa las macadamias y las nueces.

Con una cuchara, reparte la mezcla en el molde para horno, extiéndela de forma uniforme con una espátula y hornéala durante unos 20 minutos. Deja que los brownies se atemperen en el molde unos minutos. Después, colócalos sobre una rejilla de acero para que se enfríen por completo.

Sírvelos a temperatura ambiente, cortados en porciones iguales.

BROWNIES DE AZÚCAR Y ESPECIAS

Aromático cardamomo y chocolate con leche, una combinación celestial para unos brownies de sabor intenso. Pruébala y te encantará.

100 g de chocolate con leche, troceado

200 g de mantequilla, troceada

3 pellizcos de cardamomo molido

3 huevos

190 g de harina común

40 g de cerezas confitadas, troceadas

Un molde para horno de 20 cm, untado con mantequilla y espolvoreado con harina

PARA 6-8

Calienta el horno a 170 °C.

Echa el chocolate y la mantequilla en un cuenco refractario dispuesto sobre una cacerola con agua hirviendo a fuego lento. Asegúrate de que la base del cuenco no toque el agua. Remueve de vez en cuando hasta que el chocolate se derrita por completo. Añade el cardamomo y remueve con una cuchara de madera. Retíralo del fuego.

En otro cuenco bate los huevos y el azúcar durante 1-2 minutos. Tamiza e incorpora la harina y continúa batiendo hasta que se mezcle. Vierte la crema de chocolate y mézclalo bien con la cuchara de madera. Por último, añade las cerezas.

Con una cuchara, reparte la mezcla en el molde para horno, extiéndela de forma uniforme con una espátula y hornéala durante unos 25 minutos. Deja que los brownies se atemperen en el molde unos minutos. Después, pásalos a una rejilla de acero para que se enfríen por completo.

Sírvelos a temperatura ambiente, cortados en porciones iguales.

EL SUPREMO

Concebí este postre cuando trabajaba con la famosa restauradora francesa Hélène Darroze. El sirope de Baileys aporta un dulzor acaramelado que se compensa con la ralladura de naranja y de limón, la canela y la nuez moscada. Si lo rocías con el sirope, el brownie se empapa y se convierte en un postre más jugoso.

225 g de chocolate negro amargo (55% de cacao), troceado

200 g de mantequilla, troceada

4 huevos

130 g de azúcar superfino

125 g de harina común

SIROPE DE BAILEYS

1 vaina de vainilla

Ralladura fina de ½ naranja

Ralladura fina de ½ limón

¼ cucharadita de canela molida

¼ cucharadita de nuez moscada molida

50 g de azúcar superfino

50 ml de licor Baileys

Un molde para horno de 20 cm, untado con mantequilla y espolvoreado con harina

PARA 6-8

Calienta el horno a 170 ºC.

Echa el chocolate y la mantequilla en un cuenco refractario dispuesto sobre una cacerola con agua hirviendo a fuego lento. Asegúrate de que la base del cuenco no toque el agua. Remueve de vez en cuando, hasta que el chocolate se derrita por completo. Retíralo del fuego.

En otro cuenco bate los huevos y el azúcar durante 1-2 minutos. Tamiza e incorpora la harina y continúa batiendo hasta que se mezcle. Vierte la crema de chocolate y mézclalo bien con la cuchara de madera.

Con una cuchara, reparte la mezcla en el molde para horno, extiéndela de forma uniforme con una espátula y hornéala durante unos 25 minutos. Extrae el molde del horno y deja que los brownies se enfríen en el molde unos minutos. Después, colócalos sobre una rejilla de acero para que se enfríen por completo.

Para el sirope de Baileys, corta la vaina de vainilla a lo largo y extrae las semillas en un cazo. Añade las ralladuras de limón y naranja, la canela, la nuez moscada, el azúcar y 50 ml de agua fría y déjalo hervir a fuego lento. Incorpora el Baileys.

Con un cepillo extiende el sirope uniformemente sobre el brownie caliente en el molde. Deja que se enfríe.

Sírvelos a temperatura ambiente, cortados en porciones iguales.

BROWNIES DE CAFÉ

Chocolate y café, un remate celestial para una cena. En esta sencilla receta, el café realza el sabor del chocolate y aporta al brownie una sofisticada complejidad de sabor.

225 g de chocolate negro amargo (55% de cacao), troceado

200 g de mantequilla, troceada

4 huevos

130 g de azúcar superfino

25 g de harina común

1 y ½ cucharada de café instantáneo o granos de café

Un molde para horno de 20 cm, untado con mantequilla y espolvoreado con harina

PARA 6-8

Calienta el horno a 170 °C.

Echa el chocolate y la mantequilla en un cuenco refractario dispuesto sobre una cacerola con agua hirviendo a fuego lento. Asegúrate de que la base del cuenco no toque el agua. Remueve de vez en cuando, hasta que la mezcla se derrita por completo. Retíralo del fuego.

En otro cuenco bate los huevos y el azúcar durante 1-2 minutos. Tamiza e incorpora la harina y continúa batiendo hasta que se mezcle. Vierte la crema de chocolate y mézclalo bien con la cuchara de madera.

Con una cuchara, reparte la mezcla en el molde para horno, extiéndela de forma uniforme con una espátula y hornéala durante unos 25 minutos. Deja que los brownies se enfríen en el molde unos minutos. Después, pásalos a una rejilla de acero para que se enfríen por completo.

Sírvelos a temperatura ambiente, cortados en porciones iguales.

BROWNIES *BIJOUX*

Esta original receta se inspiró en un postre que probé en España. Utiliza aceite de oliva virgen extra en la mezcla aporta al brownie una textura deliciosamente tierna. Utiliza el mejor chocolate blanco que puedas encontrar, con la menor cantidad de azúcar posible, y el resultado será perfecto.

250 g de chocolate blanco, troceado

120 g de mantequilla, troceada

½ cucharada de aceite de oliva virgen extra

4 huevos

140 g de azúcar superfino

90 g de harina común

70 g de almendras escaldadas, troceadas

GANACHE DE CHOCOLATE BLANCO Y ACEITE DE OLIVA

1 vaina de vainilla

90 ml de nata líquida

180 g de chocolate blanco, troceado

40 ml de aceite de oliva virgen extra

Almendras escaldadas, para decorar

Un molde para horno de 20 cm, untado con mantequilla y espolvoreado con harina

PARA 6-8

Calienta el horno a 170 °C.

Echa el chocolate y la mantequilla en un cuenco refractario dispuesto sobre una cacerola con agua hirviendo a fuego lento. Asegúrate de que la base del cuenco no toque el agua. Remueve de vez en cuando hasta que la mezcla se haya derretido por completo. Añade el aceite. Retíralo del fuego.

En otro cuenco bate los huevos y el azúcar durante 1-2 minutos. Tamiza e incorpora la harina y continúa batiendo hasta que se mezcle. Vierte la crema de chocolate y mézclalo bien con la cuchara de madera. Por último, agrega las almendras.

Con una cuchara, reparte la mezcla en el molde para horno, extiéndala de forma uniforme con una espátula y hornéala durante unos 20 minutos. Deja que los brownies se enfríen en el molde por completo.

Para el *ganache* de chocolate blanco y aceite de oliva, corta a lo largo la vaina de vainilla y extrae las semillas en un cazo. Añade la nata y déjalo hervir a fuego lento. Entretanto, pon el chocolate en un cuenco refractario dispuesto sobre una cacerola con agua hirviendo a fuego lento. Asegúrate de que la base del cuenco no toque el agua. Remueve de vez en cuando hasta que la mezcla se derrita por completo. Añade el aceite y remueve. Retíralo del fuego y viértelo sobre la nata hervida. Bátelo con una batidora eléctrica hasta que la mezcla sea homogénea y brillante. Unta el *ganache* de forma uniforme por el brownie enfriado y guárdalo en el frigorífico durante la noche.

Cuando vayas a servirlo, corta el brownie en porciones iguales y decóralos con una almendra escaldada.

BROWNIES CRUJIENTES

Esta brillante idea esconde un factor sorpresa y es perfecta para asombrar a tus invitados: el caramelo carbonatado chisporrotea dentro del brownie. Si lo cortas con forma de patata frita, puedes mojarlo en crema de chocolate y avellanas y espolvorearlo con trocitos de caramelo.

240 g de chocolate negro amargo (55% de cacao), troceado

100 g de mantequilla, a temperatura ambiente y troceada

120 g de azúcar superfino

2 huevos

60 ml de leche semidesnatada

120 g de almendras molidas

1 cucharadita de levadura

1 vaina de vainilla

2 bolsitas de caramelos carbonatados y un poco más para servir

Crema de chocolate con almendras, para servir

Un molde para horno de 20 cm, untado con mantequilla y espolvoreado con harina

PARA 6-8

Calienta el horno a 190 °C.

Echa el chocolate en un cuenco refractario dispuesto sobre una cacerola con agua hirviendo a fuego lento. Asegúrate de que la base del cuenco no toque el agua. Remueve de vez en cuando hasta que la mezcla se derrita por completo. Añade el aceite. Retíralo del fuego.

Pon la mantequilla en un cuenco y bate con una cuchara de madera hasta que se ablande. Añade el azúcar y bate hasta que se mezcle bien y esté cremoso. Luego, bate un huevo cada vez. Incorpora la leche y remueve. Agrega la harina, las almendras y la levadura y bátelo todo. Corta a lo largo la vaina de vainilla y extrae las semillas en el cuenco. Vierte el chocolate derretido y añade el caramelo carbonatado. Mézclalo todo bien.

Con una cuchara, reparte la mezcla en el molde para horno, extiéndela de forma uniforme con una espátula y hornéala durante unos 15-20 minutos. Deja que los brownies se atemperen en el molde unos minutos y luego ponlos sobre una rejilla de acero para que se enfríen por completo.

Corta los brownies en forma de patatas fritas gruesas y sírvelos con la crema de chocolate y almendras para untar y más caramelo para espolvorearlos.

WHOOPIES

WHOOPIES CON BAYAS

Una delicada interpretación de la clásica whoopie americana, el bocadito dulce que ha conquistado el mundo entero. Es un espléndido ejemplo de nuestro empeño en rescatar tartas clásicas y populares y aportarles un toque moderno o extravagante con nuevos sabores, técnicas o presentaciones.

Whoopies de vainilla *(consultar página 34)*

Bayas frescas, para rellenar (cortadas si son grandes)

CHANTILLÍ DE VAINILLA

½ vaina de vainilla

250 ml de nata montada

25 g de azúcar glasé y un poco más para espolvorear

Una manga pastelera y boquillas comunes y con forma de estrella

Una bandeja para horno cubierta de papel para hornear antiadherente

PARA UNAS 15

Calienta el horno a 190 °C.

Prepara y hornea las whoopies de vainilla tal y como se describe en la página 34.

Para el chantillí de vainilla, corta a lo largo la vaina de vainilla y extrae las semillas en un cuenco. Añade la nata y el azúcar y bate con una batidora eléctrica hasta que la mezcla adquiera la suficiente firmeza.

Coloca la boquilla en forma de estrella en la manga pastelera y rellénala con el chantillí. Extiende una pequeña cantidad en la tapa inferior de las whoopies. Incorpora unas bayas y cúbrela con la otra tapa.

Espolvorea el azúcar glasé antes de servir.

WHOOPIES *MADE IN FRANCE*

En la región francesa de la Bretaña, el caramel au beurre salé *es una famosa especialidad local. Como soy oriundo de esta región de Francia, tenía sentido crear una whoopie que me recordara a mi hogar.*

WHOOPIES DE CHOCOLATE

6 huevos, separados

170 g de azúcar superfino

130 g de harina común

40 g de cacao en polvo

CREMA DE CARAMELO SALADA

100 ml de nata líquida

100 g de toffee masticable y un poco más, troceado, para rellenar

25 g de mantequilla salada

200 g de mascarpone

Manga pastelera con una boquilla regular

Bandeja para horno cubierta de papel para hornear antiadherente

PARA UNAS 15

Calienta el horno a 190 °C.

Para las whoopies de chocolate, en un cuenco de acero inoxidable sin aceite bate con una batidora eléctrica las claras de huevo y el azúcar hasta que la mezcla sea blanca y brillante y haya adquirido firmeza. En otro cuenco bate lentamente las yemas de huevo hasta que se suelten. Luego añádelas a las claras y bate con una cuchara de metal. Tamiza e incorpora la harina y el cacao en polvo y mézclalo todo bien hasta que quede homogéneo.

Rellena la manga pastelera con la mezcla. Dibuja unos 30 círculos en la bandeja para hornear. Deja alrededor de 6 cm entre ellos. También puedes disponer la mezcla sobre la bandeja con la ayuda de dos cucharas.

Hornéalos unos 12 minutos. Retíralos del horno y deja que se enfríen en la bandeja.

Para la crema de caramelo salada, en un cazo lleva a ebullición la nata. Añade el toffee y déjalo cocer a fuego medio-bajo hasta que se derrita. Incorpora la mantequilla y remueve hasta que se funda y la mezcla sea homogénea. Pásala a un cuenco, deja que se enfríe y guárdala en el frigorífico.

Cuando se haya enfriado, añade el mascarpone y bate con una batidora eléctrica hasta que el caramelo se haya incorporado bien. Rellena la manga pastelera con la crema de caramelo. Extiende una pequeña cantidad en la tapa inferior de la whoopie. Añade unos trocitos de toffee y cúbrela con la otra tapa.

WHOOPIES PARA UNA REINA

Mis frecuentes viajes a Londres son la fuente de inspiración para una whoopie perfecta para una reina. Una deliciosa crema de mascarpone con arándanos convierte estos pastelitos en el postre estrella de la hora del té real.

Azúcar glasé, para espolvorear

WHOOPIES DE VAINILLA
½ vaina de vainilla
6 huevos, separados
150 g de azúcar superfino
150 g de harina común

RELLENO DE FRUTAS
150 g de mermelada de frambuesa
150 g de mascarpone
Arándanos, para el relleno

Manga pastelera con boquilla común

Bandeja para horno cubierta de papel para hornear antiadherente

PARA UNAS 15

Calienta el horno a 190 °C.

Para las whoopies de vainilla, corta a lo largo la vaina de vainilla y extrae las semillas en un cuenco bien limpio. Añade las claras de huevo y el azúcar y bate con una batidora eléctrica hasta que la mezcla sea blanca y brillante y haya adquirido firmeza. En otro cuenco bate lentamente las yemas de huevo hasta que se suelten. Luego añádelas a las claras y bate con una cuchara de metal. Tamiza e incorpora la harina y mézclalo todo bien hasta que quede homogéneo.

Rellena la manga pastelera con la mezcla. Dibuja unos 30 círculos en la bandeja para hornear. Deja alrededor de 6 cm entre ellos. También puedes, con la ayuda de dos cucharas, disponer la mezcla en la bandeja.

Hornéalos unos 12 minutos. Retíralos del horno y deja que se enfríen en la bandeja.

Para el relleno de fruta, en un cuenco bate con la batidora eléctrica la mermelada de frambuesa y el mascarpone hasta que la mermelada se haya mezclado bien. Rellena la manga pastelera con la crema de fruta. Extiende una pequeña cantidad en la tapa inferior de la whoopie. Añade unos arándanos y cúbrela con la otra tapa.

Espolvorea con el azúcar glasé antes de servir.

WHOOPIES DE PACANAS

El turrón de pacanas a la francesa recuerda a la tarta de pacanas americana, jugosa y crujiente. Así pues, ¿qué mejor forma de celebrar esta feliz coincidencia que con una whoopie de pacanas sensacionalmente tentadora?

Rebanadas de whoopies de vainilla (página 33)

CREMA DE CHOCOLATE

100 ml de leche

100 ml de nata líquida

2 yemas de huevo

20 gr de azúcar superfino

200 gr de chocolate negro amargo (65% de cacao), troceado

TURRÓN DE PACANA

Una porción de mantequilla

40 gr de pacanas, troceadas

100 gr de azúcar superfino

Manga pastelera con boquilla común
Bandeja para horno cubierta de papel para hornear antiadherente

PARA UNAS 15

Prepara la crema de chocolate el día antes de hacer las whoopies. En un cazo lleva a ebullición a fuego lento la leche y la nata. Entretanto, en un cuenco bate las yemas de huevo y el azúcar con una batidora eléctrica hasta que la mezcla sea espesa y adquiera un tono pálido. Las varillas de la batidora deben dejar un hilo espeso de mezcla cuando las extraes del cuenco. Transfiérela al cazo con la crema de leche y déjalo a fuego lento hasta que esté a punto de hervir. Asegúrate introduciendo una cuchara de madera en la mezcla: al sacarla, la parte de atrás de la cuchara debería estar cubierta de la crema. Incorpora la mitad del chocolate y remueve hasta que se haya derretido. Pásalo a un cuenco, cúbrelo y consérvalo en el frigorífico 24 horas.

Al día siguiente calienta el horno a 190 ºC. Prepara y hornea las whoopies de chocolate tal y como se describe en la página 33.

Para el turrón de pacanas, derrite el azúcar en una sartén. Añade las pacanas y fríelas hasta que se doren. En un cazo cuece a fuego medio el azúcar y 2 y ½ cucharadas de agua hasta que el azúcar se derrita. Llévalo a ebullición, baja el fuego y déjalo cocer a fuego lento 2-3 minutos sin dejar de remover con una cuchara de madera, hasta que se caramelice. Añade las pecanas y remueve. Extiéndelo sobre la bandeja con una espátula bañada en aceite. Deja que se enfríe hasta que cuaje. Luego córtalo con cuidado con un cuchillo afilado.

Rellena la manga pastelera con la crema de chocolate. Extiende una pequeña cantidad en la tapa inferior de la whoopie. Añade un poco de turrón (reserva un poquito para decorar) y cúbrela con la otra tapa.

Derrite el resto del chocolate y deja que se enfríe un poco. Con cuidado, unta las whoopies en el chocolate y espolvorea el turrón. Deja que se enfríe.

WHOOPIES PARA EL REY

De niño me encantaba el banana split *y fue uno de los primeros postres americanos que probé. Así que concebí esta whoopie en su honor, aunque también guarda todas las características del aperitivo preferido de Elvis: sándwiches de plátano frito y mantequilla de cacahuete. Por eso la hemos bautizado con su apodo.*

Whoopies de chocolate

3-5 plátanos maduros, en rodajas, para el relleno

Cacao en polvo, para espolvorear

CREMA DE MANTEQUILLA DE CACAHUETE

150 g de mantequilla de cacahuete (normal o con tropezones, como se prefiera)

150 g de mascarpone

Manga pastelera con boquilla común

Bandeja para horno cubierta de papel para hornear antiadherente

PARA UNAS 15

Calienta el horno a 190 ºC.

Prepara y hornea las whoopies tal y como se describe en la página 33.

Para la crema de mantequilla de cacahuete, en un cuenco bate la mantequilla de cacahuete y el mascarpone con una batidora de mano o eléctrica hasta que se haya mezclado bien.

Rellena la manga pastelera con la crema de mantequilla de cacahuete. Extiende una pequeña cantidad en la tapa inferior de las whoopies enfriadas. Añade unas rodajas de plátano y cúbrelo con la otra tapa.

Espolvorea el cacao en polvo antes de servir.

WHOOPIES CON GELATINA Y NATA

Esta es una receta especial que encantará a muchas personas. Da igual de dónde seas, seguro que de niño alguna vez has probado un postre con gelatina y nata. Prepara los ingredientes de este postre, dales un toque francés con sirope de granadina y crema de chantillí, y ¡este es el resultado!

Whoopies de vainilla *(página 34)*

GELATINA DE GRANADINA

3 hojas de gelatina (o gelatina en polvo sin sabor de acuerdo con las instrucciones del fabricante)

40 g de azúcar superfino

1 cucharada de sirope de granadina

Colorante rojo

CHANTILLÍ DE VAINILLA

½ vaina de vainilla

250 ml de nata montada

25 g de azúcar glasé y un poco más para espolvorear

Manga pastelera con boquilla común y en forma de estrella

Bandeja para horno cubierta de papel para hornear antiadherente

PARA UNAS 15

Calienta el horno a 190 °C.

Prepara y hornea las whoopies de vainilla tal y como se describe en la página 34.

Para la mermelada de granadina, en un cuenco con agua pon a ablandar las hojas de gelatina. Entretanto, en un cazo lleva a ebullición 100 ml de agua y el azúcar hasta que este se disuelva. Retíralo del fuego, exprime el exceso de agua de la gelatina e incorpórala al sirope de azúcar con la granadina y el colorante necesario para obtener el tono de rojo que desees. Remueve hasta que la gelatina se haya disuelto por completo. Échalo en un recipiente con el tamaño justo para que la mezcla no tenga más de 1 cm de profundidad. Consérvalo en el frigorífico 2 horas para que cuaje.

Para el chantillí de vainilla, corta a lo largo la vaina y extrae las semillas en un cuenco. Añade la crema y el azúcar y bátelo con una batidora eléctrica hasta que adquiera la firmeza necesaria para extenderla.

Coloca la boquilla en forma de estrella en la manga pastelera y rellénala a con el chantillí. Extiende una pequeña cantidad en la tapa inferior de las whoopies enfriadas. Corta la mermelada cuajada en cubitos y disponlos sobre el chantillí. Cúbrelo con la otra tapa.

Espolvorea con azúcar glasé antes de servir.

CUPCAKES

CUPCAKES DORADOS

A veces, lo sencillo es lo mejor. Una base de vainilla con trocitos de chocolate, esponjosa crema de chocolate y un toque final dorado convierten este cupcake en una joya.

1 mezcla para cupcake de vainilla *(página 46, pero sigue el método descrito aquí)*

45 g de fideos de chocolate

Pan de oro, pepitas de chocolate y oro comestible, para decorar

CREMA DE CHOCOLATE

1 hoja de gelatina (o polvo de gelatina sin sabor usado de acuerdo con las instrucciones del fabricante)

300 ml de nata líquida

200 g de chocolate con leche, troceado fino

Molde para cupcakes, con 12 cápsulas

Manga pastelera con boquilla en forma de estrella

PARA 12

Prepara la mezcla de vainilla la víspera de hacer los cupcakes. Haz la mezcla tal y como se describe en la página 46, pero incorpora los fideos de chocolate al final. Cubre y refrigéralo 24 horas.

Al día siguiente, calienta el horno a 160 °C.

Reparte la mezcla enfriada entre los moldes para cupcakes y hornéala unos 15-20 minutos. Retira del horno y deja que se enfríe por completo.

Para la crema de chocolate, en un cuenco con agua pon a ablandar la hoja de gelatina. Entretanto, en un cazo lleva a ebullición la nata. Retira del fuego, exprime el exceso de agua de la gelatina e incorpórala a la nata caliente; remueve hasta que la gelatina se disuelva por completo. En un cuenco refractario echa las pepitas de chocolate y vierte la nata caliente, sin dejar de remover hasta que el chocolate se derrita y la mezcla sea homogénea. Deja que se temple un poco y luego refrigéralo hasta que se enfríe por completo.

Extrae la crema de chocolate del frigorífico y bátela con una batidora eléctrica hasta que sea homogénea y consistente y adquiera firmeza. Rellena la manga pastelera con la crema y extiéndela encima de los cupcakes fríos. Decora con el pan de oro y las pepitas de chocolate y espolvorea con el oro comestible.

CUPCAKES *MON AMOUR CHERRY*

*Es el cupcake perfecto para San Valentín, tanto para parejas
como para solteros golosos. El aguardiente de cereza, o* kirsch, *añade
un toque de regaliz a la crema de mantequilla.
¿Qué mejor forma de celebrar tu amor por los cupcakes?*

1 mezcla de cupcake de vainilla
*(página 46, pero sigue el método
descrito aquí)*

**50 gr de pistachos cortados finos
y un poco más para decorar**

12 cerezas confitadas

CREMA DE MANTEQUILLA
Y PISTACHOS

**180 g de mantequilla, a
temperatura ambiente**

320 g de azúcar glasé

50 ml de leche

**1 cucharada de extracto de
vainilla pura**

**2 cucharadas de pasta de
pistacho***

1 cucharada de licor de cerezas

Colorante verde (opcional)

*Molde para cupcakes, con 12
cápsulas*

*Manga pastelera con boquilla en
forma de estrella*

PARA 12

Haz la mezcla de vainilla la víspera. Prepara la mezcla tal y
como se describe en la página 46 e incorpora los pistachos
troceados al final. Cubre y refrigéralo 24 horas.

Al día siguiente, calienta el horno a 160 ºC.

Reparte la mezcla enfriada entre los moldes para cupcakes y
hornéala unos 15-20 minutos. Retira del horno y deja que se
enfríe por completo.

Para la crema de mantequilla y pistachos, en un cuenco bate con
una batidora eléctrica, o a mano con una cuchara de madera, la
mantequilla, el azúcar, la leche, el extracto de vainilla, la pasta
de pistacho y el licor de cerezas hasta obtener una textura ligera
y esponjosa. Vierte unas gotas de colorante para conseguir el
tono de verde pistacho que desees.

Rellena la manga pastelera con la crema y extiéndela
encima de los cupcakes fríos. Adorna con una cereza
confitada encima y espolvorea el borde con más pistachos
troceados.

*Para la pasta de pistacho, tuesta en el horno a 160 ºC
125 g de pistachos en una bandeja durante 10 minutos, con
cuidado de que no se quemen. Pásalos a un cuenco. En un cazo
lleva a ebullición 175 ml de agua y 60 g de azúcar superfino.
Cuando el azúcar se disuelva y el líquido hierva, bájalo a fuego
medio durante 5 minutos. Con cuidado, vierte el sirope en un
robot de cocina con los pistachos y 30 g de almendras molidas
y tritúralo todo hasta que obtengas una pasta suave.

CUPCAKES DE PAVLOVA

El famoso postre Pavlova se creó en honor de la bailarina rusa Anna Pavlova. Esta interpretación en cupcake es una oda a su elegancia y gracia, y todo aquel que pose su mirada en él se enamorará.

Frambuesas frescas, chips de merengue, frambuesas deshidratadas congeladas cortadas finas y plata comestible, para decorar

MEZCLA PARA CUPCAKE DE VAINILLA

½ vaina de vainilla

3 huevos

150 g de azúcar glasé

150 g de harina común

1 cucharadita de levadura

150 g de mantequilla, derretida

CHANTILLÍ DE VAINILLA

1 vaina de vainilla

450 ml de nata montada

45 g de azúcar glasé

Molde para cupcakes, con 12 cápsulas

Manga pastelera con boquilla en forma de estrella

PARA 12

Haz la mezcla de vainilla la víspera de preparar los cupcakes. Corta la vaina de vainilla a lo largo y extrae las semillas en un cuenco. Añade los huevos y el azúcar y bate con una batidora eléctrica hasta que el volumen se haya triplicado y las varillas dejen un hilo espeso cuando las saques de la mezcla.

Tamiza la harina y la levadura en el cuenco y bate un poco. Incorpora la mantequilla y mézclalo todo con una cuchara de metal. Cubre y refrigéralo 24 horas.

Al día siguiente, calienta el horno a 160 °C.

Reparte la mezcla enfriada entre los moldes para cupcakes y hornéala unos 15-20 minutos. Retira del horno y deja que se enfríe por completo.

Para preparar el chantillí de vainilla, corta a lo largo la vaina de vainilla y extrae las semillas en un cuenco. Añade la crema y el azúcar y bate con una batidora eléctrica hasta que sea lo suficientemente firme.

Rellena la manga pastelera con el chantillí y extiende la mezcla encima de los cupcakes fríos. Decora con frambuesas frescas, los chips de merengue y las frambuesas deshidratadas y espolvorea con la plata comestible.

CUPCAKES *DU JARDIN*

Este cupcake, tan bonito como la primavera parisina, es perfecto cuando el invierno comienza a desaparecer, los días son más largos y el sol brilla de nuevo con intensidad. Lo adornamos con crema de albahaca de limón, muy ligera y veraniega, que añade un sabor fresco y afrutado.

1 mezcla para cupcake de vainilla *(página 46, pero sigue el método explicado aquí)*

Ralladura de ½ limón

Fresas salvajes y albahaca cortada fina, para decorar

CREMA DE ALBAHACA DE LIMÓN

220 g de mermelada de limón (sí, mermelada, no crema)

5 hojas de albahaca fresca

250 g de mascarpone

Molde para cupcakes, con 12 cápsulas

Manga pastelera con boquilla en forma de estrella

PARA 12

Prepara la mezcla de vainilla la víspera. Haz la mezcla tal y como se describe en la página 46 e incorpora la ralladura de limón al final. Cubre y refrigera 24 horas.

Al día siguiente, calienta el horno a 160 °C.

Reparte la mezcla enfriada entre los moldes para cupcakes y hornéala unos 15-20 minutos. Retira del horno y deja que se enfríe por completo.

Para preparar la crema de albahaca de limón, tritura en un robot de cocina la mermelada de limón y las hojas de albahaca hasta que la mezcla sea homogénea. Incorpórala con cuidado al mascarpone y mézclalo bien.

Rellena la manga pastelera con la crema de albahaca de limón y extiéndela encima de los cupcakes fríos. Decora con las fresas y la albahaca troceada.

CUPCAKES DE DULCE DE LECHE

El dulce de leche tiene un sabor a caramelo que combina muy bien con el chocolate. Unas almendras molidas y pepitas de chocolate con leche en la base de estos cupcakes le confieren una interesante textura.

1 mezcla para cupcake de vainilla *(página 46, pero sigue el método descrito aquí)*

45 g de pepitas de chocolate con leche

30 g de almendras molidas

CREMA DE DULCE DE LECHE

½ vaina de vainilla

230 g de dulce de leche y un poco más para rociar

250 g de mascarpone

Molde para cupcakes, con 12 cápsulas

Manga pastelera con boquilla en forma de estrella

PARA 12

Prepara la mezcla de vainilla la víspera. Haz la mezcla tal y como se describe en la página 46 e incorpora las pepitas de chocolate y las almendras molidas al final. Cubre y refrigera 24 horas.

Al día siguiente, calienta el horno a 160 °C.

Reparte la mezcla enfriada entre los moldes para cupcakes y hornéala unos 15-20 minutos. Retira del horno y deja que se enfríe por completo.

Para preparar la crema de dulce de leche, corta la vaina de vainilla a lo largo y extrae las semillas en un cuenco. Añade el dulce de leche y mézclalo con una batidora de mano o un tenedor para soltarlo. Luego incorpora el mascarpone.

Rellena la manga pastelera con la crema y extiéndela encima de los cupcakes fríos. Sirve un poco de dulce de leche por encima.

MACARONS

MACARONS *FLOWER POWER*

Un macaron sofisticado con una delicada y sutil mezcla de sabores: rosa, lichis, frambuesa y chocolate blanco. Para un toque superespecial, tiñe el ganache en diferentes tonos de rosa con una pasta de colorante. Seguro que querrás comértelos de una sentada.

1 mezcla de macaron de vainilla *(página 60, pero sigue el método descrito aquí)*

Pétalos de rosa cristalizados confitados cortados finos

Unos 7 lichis, pelados, sin hueso y en cuartos, para rellenar

GANACHE DE FRAMBUESA

400 g de puré de frambuesa*

2 cucharaditas de azúcar glasé

280 g de chocolate blanco, troceado

100 g de mantequilla

Manga pastelera con boquilla en forma de estrella

Bandejas para horno, cubiertas de papel para hornear antiadherente

UNOS 25

Para el *ganache* de frambuesa, comienza un día antes de cuando quieras preparar los macarons. En un cazo lleva el puré de frambuesa y el azúcar al punto de ebullición. Añade el chocolate y la mantequilla y remueve hasta que se derritan. Retíralo del calor y bátelo con una batidora eléctrica para que la mezcla sea homogénea. Cubre y refrigera 24 horas.

Al día siguiente, calienta el horno a 145 °C. Deja el *ganache* a temperatura ambiente.

Prepara los macarons de vainilla tal y como se describe en la página 60, pero justo después de haberlos extendido en las bandejas para horno, rocía una pequeña cantidad de los pétalos cristalizados encima de cada círculo, no demasiada cantidad, ya que si no los macarons no aumentarán. Déjalo reposar y hornea de forma habitual.

Rellena la manga pastelera con el *ganache* y extiéndelo en la tapa inferior de cada macaron. Añade un cuarto de lichi y cúbrelo con la otra tapa.

*Para preparar el puré de frambuesa, mezcla en un robot de cocina 360 g de frambuesa y 40 g de azúcar superfino, o con una batidora hasta que la pasta sea homogénea. Cuélala antes de usar.

MACARONS DE TARTA DE QUESO Y FRAMBUESA

¿Quién se resiste a una tarta de queso? Imagínatela en un bonito macaron y obtendrás un auténtico postre híbrido franco-americano. El dulce perfecto cuando el cuerpo te pide azúcar después de un duro día de trabajo.

Macarons de vainilla
(página 60, pero sigue el método descrito aquí)

Colorante rosa

Unas 13 frambuesas, cortadas a la mitad, para rellenar

RELLENO DE TARTA DE QUESO

½ vaina de vainilla

75 g de tarta de queso

75 ml de nata para montar

75 ml de nata líquida

100 g de leche condensada con azúcar

1 huevo

Molde pequeño y redondo de silicona

Manga pastelera con boquilla común

Bandejas para horno, cubiertas con papel para hornear antiadherente

Pincel pequeño

UNOS 25

Para preparar el relleno de tarta de queso, calienta el horno a 110 °C.

Corta la vaina de vainilla a lo largo y extrae las semillas en un cuenco con el resto de ingredientes de la tarta de queso. Bate con una batidora eléctrica hasta que se mezclen bien. Transfiere la mezcla al molde y hornéala unos 20 minutos. Deja que se enfríe en el molde por completo y sube la temperatura del horno a 145 °C.

Prepara y hornea los macarons de vainilla tal y como se describe en la página 60. Deja que se enfríen en las bandejas para horno. Después introduce un pincel en el colorante rosa y, con cuidado, dibuja espirales en cada tapa de macaron.

Con una cuchara, rellena la manga pastelera con la mezcla de queso. Extiéndela en la tapa inferior de cada macaron, añade media frambuesa y cubre con la otra tapa.

MACARONS DE MOJITO

¡Empieza la fiesta! Es hora de hacer un macaron atrevido y qué mejor idea que uno inspirado en un cóctel. Todo el sabor de La Habana: ron, lima y menta fresca. Estos macarons tienen una agradable acidez que recuerda al mojito y que sorprenderán a tus invitados. Consumir sin moderación…

Macarons de vainilla *(página 60, pero sigue el método descrito aquí)*

Ralladura de 1 lima

Colorante verde

GANACHE DE RON

100 ml de nata líquida

50 g de mascarpone

300 g de chocolate blanco, troceado

2 cucharaditas de mantequilla

2 cucharadas de ron blanco

5 hojas de menta fresca, cortadas finas

Manga pastelera con boquilla común

Bandejas para horno cubiertas de papel para hornear antiadherente

UNOS 25

Haz el *ganache* de ron, un día antes de preparar los macarons. En un cazo lleva la nata y el mascarpone a ebullición. Añade el chocolate y la mantequilla y remueve hasta que se derritan. Incorpora el ron y la menta, retira del fuego y bátelo en un robot de cocina para que la mezcla sea homogénea. Pásala a un cuenco, cubre y refrigera 24 horas.

Al día siguienta, calienta el horno a 145 °C, Deja el *ganache* a temperatura ambiente.

Prepara los macarons de vainilla tal y como se describe en la página 60. Añade la ralladura de lima al robot de cocina junto con las almendras molidas. Agrega con cuidado el colorante para teñir la mezcla con el tono de verde que prefieras. No lo eches por completo, para que obtengas manchas de color en la mezcla y crear así un efecto moteado en los macarons. Extiéndela con la manga pastelera, déjalo reposar y hornea como de costumbre.

Rellena la manga pastelera con el *ganache* y extiéndelo sobre la tapa inferior del macaron. Cubre con la otra tapa.

MACARONS DE ZANAHORIA

Una receta atrevida que oculta una combinación verdaderamente inusual: zanahoria, comino y naranja. Se complementan a la perfección y el resultado es un macaron muy llamativo con un sabor único y exótico.

Macarons de vainilla *(página 60, pero sigue el método descrito aquí)*

Ralladura de ½ naranja

Colorante naranja

GANACHE DE COMINO

100 ml de nata líquida

50 g de mascarpone

300 g de chocolate blanco, troceado

1 cucharadita de mantequilla

1-2 pizca de comino molido

ZANAHORIAS CONFITADAS

2 zanahorias, peladas y cortadas en rodajas muy finas

50 ml de zumo de naranja

100 g de azúcar superfino

Manga pastelera con boquilla común

Bandejas para horno cubiertas de papel para hornear antiadherente

UNOS 25

Haz el *ganache* de comino, un día antes de preparar los macarons. En un cazo lleva la nata y el mascarpone a hervir. Añade el chocolate y la mantequilla y remueve hasta que se derritan. Agrega el comino, retira del fuego y bate con una batidora eléctrica para que la mezcla sea homogénea. Cubre y refrigera 24 horas.

Al día siguiente, deja el *ganache* a temperatura ambiente.

Para las zanahorias confitadas, en un cazo a fuego medio dispón 100 ml de azúcar y el resto de ingredientes y déjalo cocer unos 15 minutos o hasta que el azúcar se disuelva y las zanahorias estén tiernas. Deja que se enfríen mientras preparas los macarons.

Calienta el horno a 145 ºC.

Prepara los macarons de vainilla tal y como se describe en la página 60 y añade la ralladura de naranja al robot de cocina con las almendras molidas. Agrega con cuidado el colorante para teñir la mezcla con el tono de naranja que prefieras. Con la manga pastelera, extiende la mezcla en forma ovalada en las bandejas de horno. Deja un espacio entre ellos de 3 cm. Déjalos reposar y hornéalos como siempre.

Escurre el agua y seca las rodajas de zanahorias confitadas. Rellena la manga pastelera con el *ganache* y extiéndelo sobre la tapa inferior de los macarons fríos. Añade una rodaja de zanahoria confitada y cubre con la otra tapa.

MACARONS DE TÉ MATCHA

Un mordisco a este macaron te transportará a la otra parte del mundo y te proporcionará satisfacción zen. El té verde y el extracto de jazmín lo convierten en una opción perfecta para la hora del té.

Pistachos troceados finos, para espolvorear

GANACHE DE TÉ

100 ml de nata líquida

50 g de mascarpone

300 g de chocolate blanco, troceado

1 cucharadita de mantequilla

1 cucharadita de té matcha (té verde) en polvo

2 gotas de extracto de jazmín puro

MACARONS DE VAINILLA

240 g de azúcar glasé

140 g de almendras molidas

½ vaina de vainilla

5 claras de huevo

50 g de azúcar superfino

Manga pastelera con boquilla común

Bandejas para horno cubiertas de papel para hornear antiadherente

UNOS 25

Haz el *ganache* de té un día antes de preparar los macarons. En un cazo hierve la nata y el mascarpone. Añade el chocolate y la mantequilla y remueve hasta que se derritan. Retira del fuego y bate con una batidora eléctrica para que la mezcla sea homogénea. Incorpora el té matcha en polvo y el extracto de jazmín. Cubre y refrigera 24 horas.

Al día siguiente, calienta el horno a 145 °C. Deja el *ganache* a temperatura ambiente.

Para los macarons de vainilla, tamiza el azúcar glasé en un robot de cocina, añade las almendras y bate todo hasta que se mezcle bien. Corta la vaina de vainilla a lo largo y extrae las semillas en un cuenco limpio. Agrega las claras de huevo y bate con la batidora eléctrica hasta que adquiera firmeza. Incorpora poco a poco el azúcar superfino y bate hasta que se derrita y las claras estén brillantes.

Incorpora la mezcla de azúcar y almendras a las claras y bate hasta que se mezcle bien y la pasta sea homogénea. Rellena la manga pastelera con la mezcla y extiende unos círculos de 4 cm en las bandejas para horno. Deja un espacio entre ellos de 3 cm. Espolvorea unos pistachos troceados en cada círculo, no demasiado porque de lo contrario el macaron no subirá.

Deja que cuajen 30-60 minutos hasta que se forme la corteza, o cuando puedas tocar con suavidad la superficie del macaron con un dedo húmedo sin que se pegue.

Hornéalos unos 12 minutos. Deja que se enfríen en la bandeja.

Rellena la manga pastelera con el *ganache* y extiéndelo en la tapa inferior del macaron enfriado. Cubre con la otra tapa.

MACARONS DE SOBREMESA

*La combinación de rico chocolate dulce y fresca menta es un clásico,
y hacen de este macaron el postre perfecto para rematar una cena.
Las hojas de menta confitadas son una agradable y refrescante sorpresa
escondida en el interior de estos macarons de chocolate.*

**Hojas de menta cristalizadas, para
rellenar**

GANACHE DE CHOCOLATE
165ml de nata líquida

**135 g de chocolate negro amargo
(55% de cacao), troceado**

2 cucharaditas de mantequilla

MACARONS DE CHOCOLATE
220 g taza de azúcar glasé

130 g de almendras molidas

5 claras de huevo

50 g de azúcar superfino

*Manga pastelera con boquilla
común*

*Bandejas para horno cubiertas de
papel para hornear antiadherente*

UNOS 25

Haz el *ganache* de chocolate la víspera de preparar los
macarons. En un cazo lleva la nata a hervir. Añade el
chocolate y la mantequilla y remueve hasta que se hayan
derretido. Retira del fuego y bate con una batidora eléctrica
para que la mezcla sea homogénea. Cubre
y refrigera 24 horas.

Al día siguiente, calienta el horno a 145 ºC. Deja el *ganache* a
temperatura ambiente.

Para los macarons de chocolate, tamiza el azúcar glasé en un
robot de cocina, añade las almendras molidas y tritura todo
hasta que se haya mezclado bien. Tamiza el cacao en polvo
y bate. En un cuenco limpio bate las claras de huevo con la
batidora eléctrica hasta que adquiera firmeza. Añade poco a
poco el azúcar superfino y bate hasta que se derrita y las claras
estén brillantes.

Incorpora la mezcla de azúcar y almendras a las claras hasta
que se mezcle bien y la pasta sea homogénea. Rellena la manga
pastelera con la mezcla y extiende unos círculos de 4 cm en las
bandejas para horno. Deja un espacio entre ellos de 3 cm.

Deja que cuajen 30-60 minutos hasta que se forme la corteza,
o cuando puedas tocar con suavidad la superficie del macaron
con un dedo húmedo sin que se pegue.

Hornéalos unos 12 minutos. Deja que se enfríen en la bandeja.

Rellena la manga pastelera con el *ganache* y extiéndelo en la
tapa inferior del macaron enfriado. Añade una hoja de menta
confitada y cubre con la otra tapa.

ÍNDICE